AF243364

J. LE FANU.

LA LIBERTÉ

RELIGIEUSE

DISCOURS PRONONCÉ LE 9 MAI 1876

PAR

EMILIO CASTELAR

PRIX : 75 CENTIMES

PARIS

SANDOZ ET FISCHBACHER, ÉDITEURS

33, RUE DE SEINE, 33

M DCCC LXXVI

LA LIBERTÉ

RELIGIEUSE

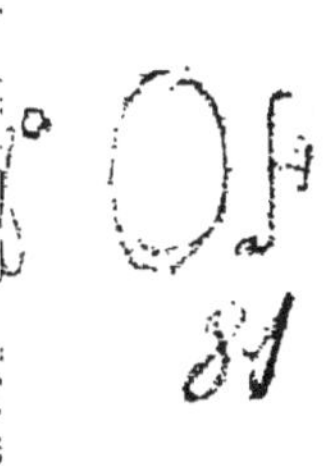

LA LIBERTÉ
RELIGIEUSE

DISCOURS PRONONCÉ LE 9 MAI 1876

PAR

EMILIO CASTELAR

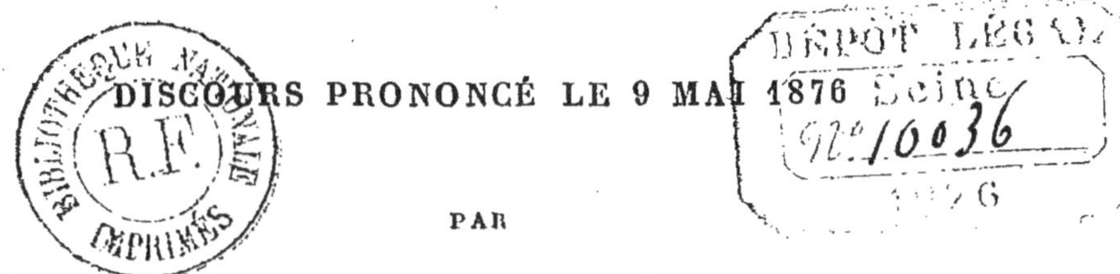

PARIS

SANDOZ ET FISCHBACHER, ÉDITEURS

33, RUE DE SEINE, 33

M DCCC LXXVI

PRÉFACE

Quand, un an après la restauration d'Alphonse XII, au mois de mars 1876, s'ouvrirent à Madrid les Cortès du royaume, le gouvernement et la majorité avaient tout d'abord à faire une constitution nouvelle qui annulât l'œuvre de septembre 1868. Parmi les décrets qui, émanés du gouvernement révolutionnaire, étaient devenus articles de loi dans la Constitution de 1869, un surtout devait déplaire au pouvoir restauré : je veux dire l'article XXI, ainsi conçu, qui proclamait la liberté religieuse en Espagne.

« ART. XXI. La nation s'oblige à maintenir et à protéger le culte et les ministres de la religion catholique.

« L'exercice public ou privé de tout autre culte est à jamais garanti à tout étranger résidant en Espagne, sans qu'il puisse lui être assigné d'autres limites que les règles universelles de la morale et du droit.

« Si un Espagnol professe une autre religion que la religion catholique, il bénéficiera des dispositions du précédent paragraphe. »

Jamais un tel droit n'avait été si explicitement reconnu au delà des Pyrénées; les Cortès même de 1812, inspirées d'un esprit si libéral, avaient gardé la religion d'État et mis le pays sous la protection de sainte Thérèse. Les seuls efforts qui furent tentés, soit en 1820, soit en 1835, soit plus tard sous la régence d'Espartero, n'avaient été dirigés que contre les biens temporels du clergé. Le seul ministre qui ait vraiment fait mine de résister à l'Église, Mendizabal était un financier, uniquement attentif à reconquérir sur un ordre privilégié la fortune nationale de l'Espagne. Mais, dans l'œuvre même de la législation, nul parti, avant la chute d'Isabelle II, n'avait osé professer la liberté des cultes. Toutes les questions religieuses et ecclésiastiques étaient régies : d'abord par l'article XI de la Constitution de 1845, proclamant la religion d'État; puis par le Concordat de 1851 et les articles complémentaires du 25 août 1859, qui définissaient les rapports de l'État avec le Saint-Siége. Qu'allait faire la royauté nouvelle d'Alphonse XII ?

Avant même que les Cortès ne fussent encore réunies, les évêques entreprirent dans tout le pays une campagne de propagande pour décider l'opinion à réclamer le retour pur et simple aux lois qui étaient en vigueur avant la Révolution de septembre. Le cardinal Moreno, archevêque de Tolède, dans un mandement du 19 mars 1876, publiait un bref du pape, lequel protestait d'avance contre toute tentative de briser l'unité religieuse du royaume, et flétrissait, comme une erreur maudite, la moindre pensée de tolérance. Au Sénat, en réponse au discours du trône, dès les premières séances, l'évêque de Salamanque, l'évêque d'Orihuela, le baron de las Cuatro Torres et d'autres membres de l'extrême droite, demandaient que fussent insérées dans l'adresse les paroles suivantes : « Cette chambre a confiance que l'avénement de Votre Majesté, ayant heureusement renoué les relations avec le Saint-Siége, il sera permis de les rendre encore plus sûres et plus étroites : si, d'abord, l'Église obtient les réparations qui lui sont dues pour l'inobservance du Concordat et des conventions religieuses en ces dernières années ; si, de plus, la politique générale s'inspire davantage de la doctrine et de l'esprit catholiques, qui sont les instruments les plus propres et les plus efficaces pour combattre la révolution, cette ennemie acharnée de la civilisation chrétienne. » La lutte s'annonçait décisive et menaçante.

A la Chambre des députés, les débats s'ouvrirent le 3 mai. L'article XI de la Constitution, proposé par le gouvernement et la commission, était ainsi conçu :

« La religion catholique, apostolique, romaine est la religion de l'État. La nation s'engage à maintenir le culte et les ministres.

« Nul ne doit être inquiété ou poursuivi sur le sol espagnol pour ses opinions religieuses, ni pour son culte, tant qu'il reste dans les limites de la moralité chrétienne. Sont défendues toutes cérémonies et manifestations publiques autres que celles de la religion de l'État. »

Les concessions faites aux principes de tolérance et de liberté par cette formule se réduisaient, certes, au minimum. Les termes mêmes dans lesquels elles étaient accordées, si obscurs, si timides, si dociles aux complaisances de l'interprétation, trahissaient assez les incertitudes du législateur.

Ce furent les députés de la droite qui commencèrent l'attaque. Don Fernando Alvarez, ancien ministre de la reine Isabelle, en plaidant pour le retour à la Constitution de 1845, se flattait de rappeler à la vie le parti des *Moderados,* qu'un ministre de la royauté nouvelle, le comte Toreno, prétendait à jamais dissous. Pidal y Mon, qui prit la parole après lui, énonçait les mêmes espérances ; jeune encore, ardent, audacieux et libre, il fit son procès au président du conseil, jaloux de le mettre en contradiction avec lui-même, et lui adressant le sourd reproche de transiger avec la Révolution. Le chef du cabinet, Canovas del Castillo, quoique soutenu dans la Chambre par une forte majorité, dut éprouver à répondre de singulières difficultés. Contraint presque de s'excuser pour avoir admis la tolérance dans les lois, force lui était, par moments, de reconnaître, au moins comme un fait, la Révolution de septembre : « Puisque, disait-il lui-même, retirer absolument toute liberté religieuse après l'œuvre de 1869 ce serait, nous aussi, révoquer l'édit de Nantes. » A l'égard du Saint-Siége de même, la thèse était délicate à soutenir; il lui fallait, contre les prétentions de la suprématie religieuse, invoquer le droit public, l'exemple de l'Europe, la prérogative royale. Au fond, impuissant à s'appuyer de quelque principe, puisqu'il n'en acceptait franchement aucun, il en venait à recommander l'article XI comme un compromis, imposé au gouvernement nouveau par la logique fatale des circonstances. Au vote, l'amendement d'Alvarez et des *modérés* fut rejeté par 226 voix contre 38.

Le jour suivant, le 4 mai, les libéraux attaquèrent l'article à leur tour. Romero Ortiz, ancien ministre de la Révolution, demanda la liberté de conscience, telle qu'elle était inscrite dans la Constitution de 1869. Le gouvernement répliqua dans la personne de Martin Herrera, ministre de la justice, et la proposition fut écartée. Il était dès lors facile de prévoir l'issue de la lutte : la discussion cependant dura huit jours encore. A mesure que le résultat était moins douteux, les débats devenaient plus désintéressés. Comme il arrive souvent en Espagne, les nécessités du présent s'oubliaient, et le duel entre les divers partis finissait par une sorte d'assaut, non plus entre les personnes, mais entre les idées elles-mêmes.

Pendant huit jours, furent entendues aux Cortès de Madrid les déclarations de tous les groupes politiques, assez franches, assez sincères pour qu'il soit permis d'y recueillir comme les aveux de la conscience espagnole. Les députés Moyano, Pidal y Mon et le comte de Llobregat exposèrent de nouveau la thèse des *Moderados* avec une passion, un enthousiasme de néophytes, qui se rencontrent parfois chez les défenseurs de dogmes à l'agonie et de systèmes *in extremis*. Les membres de la commission, Bugallal, Moreno Nieto, Alonso Martinez, vinrent successivement soutenir la pensée du gouvernement, en politiques hésitants, condamnés aux prudences et au double jeu de l'éclectisme parlementaire. M. Sagasta, qui se leva pour expliquer l'attitude du parti constitutionnel, le rôle qu'il avait eu dans la Révolution, les négociations qu'il avait poursuivies avec le Saint-Siége, parut surtout se mettre sur les rangs et réserver l'avenir, candidat possible du pouvoir, le jour où le dissentiment entre la royauté nouvelle et le régime déchu de la reine pourrait laisser la succession ouverte. « Il faut que le monde sache, disait-il, qu'il y a en Espagne un parti d'ordre et de gouvernement, mais libéral, et résolu à ne transiger avec aucun pouvoir qui attenterait à la première, à la plus noble, à la plus grande des libertés : la liberté religieuse. » Une voix restait à entendre, qui, sans écho peut-être dans la chambre, devait retentir en Espagne et en Europe; don Emilio Castelar prononça le 9 mai un discours où la plus admirable éloquence se mettait au service de la plus généreuse des causes, la liberté de conscience. Si les vieux partis espagnols ont eu leurs chevaliers dans le tournoi oratoire de mai 1876, si la politique du présent y a été vaillamment défendue, que dire de la grande et forte parole qui devançait et appelait, comme par une irrésistible magie, l'Espagne de l'avenir?

Au vote, l'article XI du gouvernement et de la commission fut accepté par 224 voix contre 83. Dans la minorité se confondaient les *Moderados*, les constitutionnels et les républicains.

Quand, dans les premiers jours du mois de juin, la loi vint devant le Sénat, la plus grande résistance partit de la Droite, qui proposait le retour à la Constitution de 1845. Les évêques de Salamanque, d'Avila, d'Orihuela, le baron de las Cuatro Torres, soutinrent la même thèse qu'avaient soutenue les députés *Moderados*. Il ne se trouva guère qu'un sénateur, don Juan Valera, esprit éclairé, affranchi, d'humeur cosmopolite, écrivain instruit et raffiné, caractère qui passe pour être sceptique, et qui est surtout tolérant, il ne se trouva que lui pour rappeler les droits de la conscience. Le ministre de la justice et le président du Conseil conquirent l'adhésion du Sénat, et l'article XI fut ratifié.

A la fin des débats, et pour gagner l'assentiment du Saint-Siége, dont le triomphe n'était pas absolu, le roi écrivit au pape une lettre presque humble, presque contrite et repentante, où il se faisait garant que tous les droits de l'Église seraient scrupuleusement respectés. Le saint Père n'accueillit que froidement cette ouverture de son fils très-catholique : il a déclaré vouloir se réserver. Plus d'une conscience en Espagne imitera cette réserve, jusqu'au jour où la loi elle-même se réservera moins.

A. G.

DISCOURS

MESSIEURS LES DÉPUTÉS,

J'ai écouté avec toute l'attention qu'il mérite
le discours de M. Bugallal, discours profondément politique, et digne de sa réputation. J'ai
été si attentif que je suis allé jusqu'à remar-
quer certains adjectifs, certains adverbes, qui
sans doute ont échappé à la pénétration de la
Chambre.

M. Bugallal, s'élevant aux hauteurs sublimes
de la philosophie et de l'histoire, nous a dit deux
choses que je ne veux que rappeler. La première,
c'est que, malgré l'importance capitale de la question que nous traitons, qui, au fond, contient en
elle tout notre avenir, la Chambre est d'une in-
différence incroyable. La seconde, c'est qu'en

répondant à son adversaire M. Moyano, il a lancé au pouvoir des papes sur la conscience humaine un *Encore* qui trahit des doutes. Doutes familiers d'ailleurs à l'école éclectique qui, vers 1837, annonçait, en véritable astrologue, que la papauté « en avait encore dans le ventre pour deux cents ans », et pas davantage.

Qu'il me soit permis de féliciter M. Bugallal, dont les réflexions m'occuperont plus d'une fois, et j'aborde le débat. J'affirmerai avant tout que l'imperceptible minorité que nous sommes, deux personnes, qui, il est vrai, représentent un grand nombre, cette imperceptible minorité ne peut voter l'unité catholique. Et cela, parce que cette unité est une utopie réactionnaire, aussi hostile aux lois de notre temps, aux exigences de la politique nationale, que n'importe laquelle des utopies socialistes. Cette minorité ne votera pas davantage le rapport de la commission, qui est *tolérance,* parce que nous ne voulons devoir à la tolérance de personne le plus imprescriptible des droits naturels.

La minorité combattra jusqu'au bout les idées, les opinions, les maximes qui viennent de ces bancs, les bancs traditionnalistes : elle combattra en même temps le rapport de la commission, qui tend à établir une Église officielle, alors que jamais nous n'en avons voulu. Nous croyons, certes, et très-sincèrement que l'homme est un être religieux ; nous croyons très-sincèrement que la société est et doit être, à l'image de l'homme, une personne religieuse ; mais nous ne pourrons jamais croire que l'État ait autorité pour promulguer des dogmes, comme il fait les codes et les lois. En combattant la commission, nous combattons aussi la majorité : et nous fichons en terre notre drapeau qui bientôt sera le vôtre, nos doctrines qui bientôt seront les vôtres. Entre l'intolérance intransigeante de la minorité catholique et la tolérance hypocrite de la majorité éclectique, il est un abri, le plus sûr, je veux dire la séparation immédiate et radicale de l'Église et de l'État.

La Chambre en doutera, si elle veut ; mais j'ai le droit de le déclarer : la passion la plus ancrée dans mon âme, c'est l'amour de la patrie. Et pour mon patriotisme, c'est un grand effort d'avouer, même pour les combattre, qu'il s'est rencontré des hommes de foi, des hommes d'un solide mérite, public et privé, des jeunes gens éloquents et savants, dignes de toute notre admiration, qui soutiennent le droit et la nécessité de maintenir, dans l'incoercible conscience humaine, par les moyens coercitifs de l'État, les dogmes d'une seule croyance, les pratiques d'un seul culte, les symboles d'une seule Église. Dès que la société existe, avec elle coexiste l'État, qu'il soit patriarcal, théologique, militaire, féodal, impérial, monarchique ou républicain. Mais avant l'État, au-dessus de l'État, avant la société même et au-dessus d'elle, il y a une force : la conscience, qui se révèle en chacun de nous dès que l'organisme humain apparaît sur la planète. Sur l'organisme humain brille un rayon plus pur et plus vif que l'éther immaculé des espaces : le rayon de l'esprit. Vous, messieurs les députés traditionnalistes, vous qui soutenez que l'État impose aux consciences des dogmes, des pratiques, des cultes, vous soutenez les fantaisies les plus étranges où se soit égaré l'entendement humain, le despotisme le plus terrible qui ait souillé les pages de l'histoire.

Si l'État a le droit de soutenir une religion dans son développement et sa durée à travers le temps, il a aussi le droit de la fonder, de l'imposer à l'aide de ses instruments de violence. Et si l'État a le droit d'imposer une religion, veuillez mesurer avec moi l'abîme de vos propres idées et de leurs inéluctables conséquences.

Les Pharaons, qui étaient l'État, avaient le droit d'imposer à Moïse, qui était la conscience, le culte idolâtre des divinités égyptiennes ; Nabuchodonosor, qui était l'État, avait le droit de poursuivre les fils des Hébreux, qui étaient la conscience, et de les brûler dans la fournaise de Babylone, pour ne pas avoir courbé la tête devant les autels sabéistes. Anytus, qui dans l'orageuse Athènes représentait aussi l'État, avait le droit de porter aux lèvres de Socrate la coupe mortelle, dont le poison rendit muette cette parole divine, révélatrice de la conscience humaine. Pilate, qui était le reflet de Tibère, et partant de l'État, avait le droit de clouer le Christ au gibet ignominieux des esclaves; Néron et Dioclétien, qui étaient l'État, avaient le droit de descendre aux Catacombes pour interrompre les prières exhalées dans l'humidité de l'abîme, au sein des ténèbres; ils avaient le droit de jeter les premiers chrétiens aux dents et aux griffes des bêtes fauves, au milieu des applaudissements d'un peuple aussi corrompu par le despotisme des Césars que par l'intolérance religieuse; Charles IX, qui était l'État, avait le droit, au son de la cloche qui avait annoncé sa naissance, et qui bientôt devait annoncer sa mort, il avait le droit de fusiller ses vassaux associés dans une foi commune, non contre l'autorité monarchique, mais contre l'Église officielle; Henri VIII avait le droit, avec son Parlement courtisanesque, de changer d'un trait de plume l'Ile des Saints, baptisée et bénie par Grégoire le Grand, en l'Ile des hérétiques; le Cosaque du Don, émissaire et représentant du tzar Nicolas, qui se croyait lui-même le ciel et la terre, la papauté et l'empire, le Cosaque du Don avait le droit d'entrer dans les églises de Pologne et d'immoler au pied des autels les prêtres qui offraient à Dieu l'hostie consacrée en mémoire du plus sublime des sacrifices, et qui, avec la résurrection du Christ, attendaient la résurrection de la patrie mutilée ; oui, tous ces tyrans ont le droit de recevoir sur leur front l'huile mystique de vos idées, complices qu'ils sont de la justice divine sur cette terre opprimée par leur despotisme et souillée par leurs crimes.

L'État et la Conscience sont deux entités, nécessaires l'une et l'autre à la vie sociale, mais essentiellement différentes, de même que l'estomac et le foie, par exemple, si vous me permettez cette basse comparaison, sont deux organes indispensables à la digestion, mais essentiellement divers. L'État, comme je l'ai dit, coexiste avec la société ; il représente l'autorité chargée d'accomplir et de réaliser le droit dans la mesure où le comprend chaque peuple et chaque siècle. Mais la conscience est ce pouvoir réfléchi, supérieur au sentiment, à l'imagination, supérieur à l'intelligence et à la raison, supérieur au jugement même, à l'aide duquel l'esprit comprend non-seulement la vérité ou l'erreur de ses idées, mais aussi la justice ou la perversité des actions.

Organe des relations politiques temporaires, tel est l'État; organe des relations religieuses éternelles, telle est la conscience. Allez-vous donc soumettre la conscience à l'État? Renversez alors toute la hiérarchie des facultés humaines, et dites qu'on voit avec les mains, qu'on touche avec les yeux. On comprend l'existence de l'homme hors de l'État, même hors de la société : mais, à moins de folie (et ni les lois rationnelles, ni les lois politiques n'en tiennent compte), comprenez-vous un homme sans conscience? Il est donc impossible de soumettre, comme vous le faites, la conscience à l'État. Eh! dites-moi : encore même que l'État vînt vous déclarer par ses décrets et ses lois qu'une religion est fausse, le croiriez-vous, si votre conscience ne portait le même témoignage? Encore même que l'État vînt vous dire qu'une religion est vraie, si votre conscience dit non, plutôt que de jurer par cette foi, ne préféreriez-vous pas le martyre? Eh bien! en demandant l'unité religieuse pour l'Espagne, ce que vous demandez, c'est la tyrannie des pouvoirs politiques sur les pouvoirs éternels, moraux et divins de la conscience humaine.

On me dit souvent que j'use et que j'abuse de l'histoire : je prétends, moi, Messieurs, que les arguments historiques ne servent que de corroboration pratique aux idées philosophiques ou politiques qui s'agitent en ces débats. Je veux vous donner deux preuves de l'impuissance radicale où est l'État d'annuler, de détruire le pouvoir religieux. Nous sommes au ive siècle de notre ère : la mort du Sauveur, l'efficacité de sa doctrine, la vertu de son exemple, l'apostolat de ses disciples, la foi invincible de ses martyrs, le développement de la pensée humaine à Jérusalem, cité de la théologie, à Athènes, cité de la philosophie, à Alexandrie, cité de la science, tout cela, sans compter l'intervention providentielle, que je n'examine pas, tout cela produit dans la conscience humaine un changement qui est le passage du paganisme au christianisme; changement nécessaire, indispensable, logique, dialectique, outre qu'il est divin; changement auquel pourtant un César, un Grec, un orateur de génie, l'immortel Julien, oppose toutes les forces de l'État, et tous les priviléges du talent. Opposition inutile! Julien tremblait devant la chute des grandeurs passées de Rome, devant l'évanouissement des gloires futures de son empire. Mais il n'est pas encore forgé le sceptre capable d'atteindre la conscience humaine : nul ne peut arracher de l'esprit une seule idée, pas plus qu'on ne peut arracher à l'espace un soleil ni un monde, parce que les idées sont immortelles, parce qu'elles sont indestructibles, dès qu'elles croissent et prennent racine au plus profond de l'âme. Je ne connais pas de démonstration plus évidente de l'impuissance de l'État dans les questions religieuses que ce dernier voyage de Julien au pied du Parnasse, aux bords de la fontaine Castalie, sur la lisière du bois où la Pythonisse rendait ses oracles. Quand il pénétra sous la colonnade où Apollon jouait de la cithare, et où la Grèce buvait ses chants sacrés, il vit les colonnes sans *ex-voto*, l'autel sans victimes ni offrandes, le trépied sans feu, les vases sacrés sans l'antique hydromel. Il avait pourtant rétabli le paganisme dans les écoles, il l'avait rétabli dans les lois, il l'avait rétabli dans l'empire. Vaine restauration ! Qu'importe d'ouvrir le sein de l'État à une croyance, si elle ne sort pas du mystère où toute foi a ses racines, le sein immortel de l'esprit ?

Ah ! la conscience est incoercible, la conscience est inviolable. La persuader, vous le pouvez : la dominer, jamais. Vous pouvez l'émouvoir d'une idée, mais non d'un ordre. Le plus fort levier capable de mouvoir le poids le plus lourd ne peut rien sur la plus légère, la plus éthérée, la plus invisible et la plus impalpable des pensées. Le persécuteur poursuit, mais ne persuade pas ; le geôlier emprisonne le corps, il l'immobilise sous le poids des chaînes, il ne peut emprisonner ni immobiliser l'âme, du sein de laquelle s'exhale la prière qui perce les pierres et les grilles de la prison comme un arome mystérieux. Le despote peut proscrire les croyants, il ne proscrit pas les croyances; l'inquisiteur brûle, il attise et alimente le feu, il brûle les os, la chair et le sang, mais il ne peut brûler la pensée; parce que sur les débris du bûcher, sur l'amas de cendres que le vent disperse aux quatre coins du ciel, survit l'idée, exaltée encore par le martyre, et qui, par la communion éternelle des esprits, arrive, à travers les temps, à toutes les générations.

Et que demandez-vous depuis le commencement de ce débat, Messieurs les députés traditionnalistes? Vous ne pouvez le dissimuler ni à la conscience humaine, ni à la conscience de l'Europe, malgré le splendide éclat de vos admirables discours. Ce que vous demandez, c'est que l'État, qui, par sa force, maintient l'obéissance aux lois civiles, tourne cette même force contre la conscience, pour l'obliger à croire vos dogmes théologiques, ou du moins à suivre vos pratiques religieuses. Et que M. Pidal ne vienne pas le nier, avec son éloquence si nerveuse et si chatouilleuse : qu'il ne le nie pas, car s'il s'étonne et s'indigne de la conséquence des principes, qu'il renonce aux principes. Ce que vous avez demandé, ce que vous demandez ici, c'est la persécution, encore la persécution, toujours la persécution. (Signes de négation de M. Pidal.) Et si vous ne demandez pas la persécution vous êtes des hétérodoxes : oui, M. Pidal est un hétérodoxe, car le pape a soutenu dans l'Encyclique, antérieure au *Syllabus,* qu'il y a grande hérésie à ne pas réclamer de l'État les moyens coërcitifs dont il dispose pour soutenir et propager la vérité religieuse ; et lorsque vous, monsieur Pidal, si profondément versé en ces matières, si philosophe, si logicien, si canoniste, lorsque vous me dites : Non! ce que vous niez, c'est l'autorité du pape ; ce que vous méconnaissez, c'est sa voix et son empire.

Je n'aime pas les arguments personnels. Et, bien qu'en réalité celui-ci n'en soit pas un, moi qui ne réponds jamais avec des arguments de mauvaise foi (car la sincérité est l'honneur des débats, surtout dans les corps où se fait la loi, où se consacre la justice), je reconnais bien volontiers, Messieurs, que vous ne demandez pas le droit pénal de jadis. Je ne vous accuse pas de vouloir rétablir l'Inquisition ; vous ne réclamez ni le bûcher, ni la torture. Mais vous demandez que le dissident soit un hypocrite, qui simule des lèvres une foi contraire à celle qu'il a dans le cœur ; ou bien qu'il n'ait pas droit de cité, qu'il n'ait la liberté ni d'imprimer, ni de répandre ses idées, ni de légitimer sa famille devant la société, ni de reconnaître ses enfants devant la loi, ni de monter à une chaire; vous demandez qu'il vive dans la solitude, dans le désert, méprisé des lois et des hommes; vous demandez qu'au jour de sa mort, ses restes n'aient pas le culte consacré à la mort par la vie, ces cérémonies qui ouvrent l'horizon de l'esprit, ces prières dont le cadavre glacé a besoin, comme la plante a besoin de la rosée céleste; vous demandez que, comme un cheval, comme un chien, comme un porc, il s'abîme dans le sein vorace de la nature, telle qu'une poignée de fumier qui échauffe et améliore la terre.

Mais, depuis le début de la discussion, nos adversaires nous disent : Ne savez-vous pas que nous demandons à l'État de soutenir le catholicisme, uniquement parce que le catholicisme est la religion vraie?

Cet argument n'a pas de force. Non que je veuille nier cette thèse; nous sommes dans une assemblée, nous devons respecter toutes les croyances religieuses, celles surtout que professe la majorité de la nation; je me garderai bien de l'oublier. Je vous accorde que le catholicisme est la religion vraie, mais d'où le savez-vous? Est-ce par l'arrêt d'un juge, par le décret d'un ministre, par une loi des Cortès, par un rescrit du pouvoir absolu? Non : vous le savez du témoignage de votre inviolable conscience. Et si cela est vrai, quel est votre devoir? Votre devoir est de reconnaître le droit chez autrui. Et pourquoi n'y aurait-il pas une personne qui, dans sa conscience et sa raison, crût précisément le contraire de ce que vous croyez? Détrompez-vous : vous n'avez pas étudié la nature des vérités religieuses, si vous refusez de dire, de proclamer que les vérités religieuses ne sont pas évidentes.

On ne voit pas avec évidence que le Verbe soit consubstantiel au Père éternel; on ne voit pas que Lucifer se soit révolté, et ait été précipité aux enfers; on ne voit pas que le Christ doit venir juger les vivants et les morts; on ne voit pas toutes les vérités de dogme et de théologie, comme on voit, par exemple, que deux et deux font quatre. On ne prouve pas que l'Esprit-Saint procède du Père et du Fils, comme on prouve que tous les points d'une circonférence sont également distants du centre, que tous les rayons du cercle sont égaux, et que la somme des angles d'un triangle équivaut à deux droits. Non, non : un Père de l'Église a dit en face des contradictions théologiques : *Credo quia absurdum*. Et de même, un grand théologien protestant a écrit l'un des livres les plus profonds et les plus chrétiens de ce siècle, pour démontrer cette thèse : que la vérité religieuse n'est pas évidente.

Dans le sanctuaire de la famille, quand des mères vous accoutument tous les jours aux pratiques religieuses, quand vous dites votre chapelet, vous contemplez des mystères, soit douloureux, soit triomphants, selon les jours de la semaine, mais toujours des mystères, insondables à la raison humaine, inaccessibles à tout autre criterium que le criterium de la foi. Aussi dit-on, et avec vérité, que la volonté ne peut suffire pour croire. Si l'incrédule ne croit pas, ce n'est pas faute de le vouloir, mais il ne peut pas. Celui qui a abandonné la foi de ses premières années, qui entre en une cathédrale comme il pourrait faire en une Académie ou un Musée, celui qui ne voit plus l'auréole sacrée autour des fronts où jadis resplendissait l'inspiration, celui-là a le droit de dire en ses angoisses les paroles que le Christ disait sur la croix : « Mon père, pourquoi m'as-tu abandonné? » Le criterium de la religion est plus que l'instinct, plus que le sentiment, plus que l'imagination enchanteresse, plus que l'intelligence, plus que la raison, que le jugement même ; c'est cette faculté surnaturelle dont parlait saint Bonaventure dans la vie de saint François d'Assise, et que

Schelling appelait *l'intuition intellectuelle*, donnée par Dieu aux élus de la grâce, aux prédestinés de la gloire. C'est pourquoi, Messieurs, si tel est votre désir de propagande, que je comprends (car tout le monde a le droit de se répandre), que je respecte (car le respect est dû aux croyances sincères), persuadez, convainquez, touchez le cœur des incrédules comme Jésus fit le cœur de saint Paul sur le chemin de Damas, priez pour eux tous les jours, dressez à chaque carrefour une chaire pour les persuader et les convaincre; mais n'invoquez pas le rapport d'une commission, l'autorité d'un gouvernement, les lois d'un État; n'empruntez pas le secours du gendarme; ce que demande la religion, c'est l'appui des apôtres et des martyrs.

Aussi bien les idées religieuses sont comme les idées morales : les idées religieuses, Messieurs, se recommandent par leurs mobiles intérieurs. Par exemple, je suis maintenant de bonne foi en voulant persuader à mon collègue M. Pidal que j'ai raison et qu'il a tort; si je le fais par amour de la vérité, par droit de justice, je fais bien; si je le faisais, au contraire, pour étaler mon savoir, par vanité d'orateur, par intérêt, ah! ce serait un acte indigne de la conscience humaine et des bénédictions de Dieu.

Il en est absolument de même pour les idées

religieuses. Celui qui va à la messe pour ne pas perdre sa place, celui qui va à confesse pour rester dans sa chaire, celui qui communie en pensant aux hérésies de Luther ou au système de Krause, celui-là pourra bien tromper les hommes, il ne trompera point Dieu qui voit jusqu'au fond de la conscience humaine.

Cela est si vrai, Messieurs les députés, que je vais vous montrer de front les deux intolérances, l'intolérance catholique et l'intolérance protestante, afin de vous faire comprendre leur impuissance respective. Il n'y a pas eu de monarque plus puissant que Philippe II; ses possessions paraissaient infinies et sans limites; son sceptre pouvait être appelé l'axe sur lequel tournait la terre; et il arriva que ce grand roi se heurta face à face avec un peuple faible, petit, soutenu seulement par sa foi et sa conscience. Et ce peuple, contraint à refouler les flots pour conquérir une patrie, sur un sol mouvant, battu de la tempête et de l'orage, ce peuple arracha au colosse la plus sacrée des propriétés : la propriété de sa conscience. — Voyez maintenant l'intolérance protestante. La secte évangélique des puritains est à peine née, et Marie Tudor s'irrite contre eux, en les envoyant par milliers à Genève où croît la racine de la foi nouvelle; et l'orgueilleuse Élisabeth aussi les poursuit, en rejette un grand nombre à Amsterdam; et le pédant Jacques Ier, après les avoir accablés de ses sophismes à Hamptoncourt, leur lance sus sa cavalerie, et les repousse jusqu'à Leyde. Et ces fidèles chrétiens, austères comme les prophètes bibliques au bord du fleuve étranger, ardents comme les apôtres au sortir de la Cène, l'Esprit saint sur le front, pour aller prêcher l'Évangile, sublimes comme les martyrs échappés à la torture, qui montrent avec orgueil les cicatrices de la lutte; les voici qui s'embarquent, se confiant aux flots, voici qu'ils bravent les tempêtes de l'Océan, comme ils avaient bravé le courroux de la tyrannie; ils arrivent aux côtes de la Nouvelle-Angleterre, dans la baie de New Plymouth, en quête d'une terre aussi pure, aussi voisine de Dieu que leurs âmes mêmes; et là, entre la double immensité du désert et de la mer, ils fondent la liberté, l'égalité et la fraternité démocratiques; principes repris plus tard par ce grand homme de bien nommé Franklin, dont la main arrachait, non pas le sceptre aux rois, mais aux dieux la foudre; principes portés à la vieille Europe, puis, de la vieille Europe, sur l'aile de l'ouragan révolutionnaire, disséminés à travers le monde, jusqu'au jour où ils fondèrent la liberté, la démocratie et la République sur le continent américain. —

Vous voyez de vos yeux, Messieurs, vous touchez de vos mains l'impuissance de l'intolérance catholique au temps de Philippe II, l'impuissance de l'intolérance protestante au temps d'Élisabeth et de Jacques Ier d'Angleterre.

Mais une autre idée a dominé complétement ce débat; et je l'ai écouté avec passion, du commencement à la fin, sans perdre un seul discours; une idée, que tous ont proclamée comme un bien inextinguible et ineffable. Cette idée, c'est l'unité, encore l'unité et toujours l'unité. Certes, l'unité est un grand principe, mais l'unité n'existerait pas dans le monde sans la variété. Sans l'unité, l'univers ne serait pas, mais sans la variété, la vie ne serait pas. Étendez votre pensée sur la nature et sur l'âme, et vous y verrez la confirmation de cette vérité : l'enlacement éternel de l'unité et de la variété. La plus grande des découvertes modernes est le spectre solaire, qui prouve qu'il y a identité entre la matière de la plus lointaine nébuleuse et la matière que nous foulons aux pieds : mais cette matière unique se diversifie en soleils, en planètes, en comètes, en aérolithes, et, sur le seuil de la vie organique, en organismes innombrables. La force est une, et un grand génie a pu montrer la relation mystérieuse qui unit le mouvement en vertu duquel une pomme tombe par terre au mouvement qui lance la lune autour de la terre, comme une âme d'amante qui suivrait son amant; mais cette force se diversifie depuis le frisson de vie qui bat sous la tempe jusqu'à l'étincelle électro - magnétique de l'artiste qui sculpte et grave. L'oxygène est le seul corps comburant, il n'en est pas d'autres au ciel ni sur la terre; et cependant que de lumières différentes, depuis le scintillement de l'étoile dans l'infini jusqu'à la phosphorescence du sillage en mer! Le carbone est un, c'est un corps élémentaire; mais quelle différence n'y a-t-il pas entre la houille qui fume par les cheminées de nos locomotives et le diamant qui resplendit sur les cheveux noirs de nos dames! La religion, de même, est une; la nécessité qui pousse l'homme vers Dieu est partout la même; mais les religions sont variées, multiples et diverses. Quand, à quelle époque de l'histoire avez-vous vu une religion unique? Deux utopies ont ensanglanté la terre et amoncelé sur elle des montagnes de cadavres : l'utopie d'une seule nation pour tous, et l'utopie d'une seule religion pour tous.

Le christianisme est « ondoyant et divers ». Les peuples orientaux de l'Europe s'unissent dans la religion grecque, les peuples occidentaux dans la religion latine. Les races germaniques, elles, se distinguent ; elles ont abandonné la métaphysique de l'Église grecque, la religion impériale, unitaire, canonique de l'Église latine, pour une religion où prédomine la conscience individuelle, pour une religion essentiellement individualiste comme le sont sa physiologie, son histoire, sa politique, son génie. Votre religion catholique elle-même, que vous adorez, que je respecte profondément, quand, à quelle époque, a-t-elle été *une*? Il faut qu'il y ait des hérésies, a dit saint Paul. Et le fait est qu'il y en a toujours eu. Sur la tombe même du Christ, Simon le magicien ; auprès des apologistes, les gnostiques ; auprès des Pères d'Orient et d'Occident, les manichéens ; en face de saint Augustin, Pélage ; en face de Constantin, Arius ; au jour de l'établissement spirituel de la papauté, l'Église de Photius ; au jour de son établissement temporel, la querelle des Investitures ; quand s'arment les croisés, la voix du Paraclet réclame l'indépendance de la raison humaine ; au moment où saint Thomas écrit sa *Somme* théologique, la grande encyclopédie catholique, paraissent les Albigeois ; quand s'achève la captivité d'Avignon, si souvent comparée à la captivité de Babylone, l'aube de la réforme se lève sur l'Allemagne, la Suisse et l'Angleterre ; quand s'assemblent les conciles œcuméniques de Constance et de Bâle, avec les

hérésies de Jean Huss et de Jérôme de Prague,
voici le satanique roulement de ce tambour fait
de peau humaine, dit la légende, et qui appelle
les peuples de Bohême à la communion sous les
deux espèces; à la Renaissance, dans ce grand
éclat des arts, quand naît et s'élargit la terre
nouvelle, toute cette création nouvelle livrée au
baptême de la foi catholique, la voix de Luther
vient tout interrompre; en face de la réaction pon-
tificale du xviie siècle, qui, annoncée par Sixte-
Quint à la fin du siècle précédent, fut encore
aggravée par Louis XIV, ce sont les gallicans et les
jansénistes; au xviiie siècle, c'est la régale assise
jusque sur le siége de Pierre; au xixe siècle enfin,
devant les néo-catholiques se dresse le vieux catholicisme, et avec lui les plus grands penseurs,
les plus éminents des évêques; preuve flagrante
que l'unité despotique ne peut rien contre la loi
de variété, qui pousse ses rameaux dans la conscience, dans la nature et dans l'histoire. (Sensation.)

Mais on dit : Du moins, l'unité a été un bien
pour l'Espagne. J'ai résolu de ne pas citer les
noms des personnes qui ont pris part au débat,
parce qu'il me faudrait les mentionner tous, et
que l'oubli d'un seul impliquerait un dédain,
fort éloigné de ma pensée. Mais vous avez tous
entendu de ce côté de la Chambre de jeunes et

éloquents orateurs invoquer les gloires espagnoles, pour démontrer qu'elles étaient dues exclusivement à l'unité catholique. Et l'un de ces jeunes hommes fort éloquents qui ont ainsi parlé, si la Chambre, comme je le crois, lui a prêté la même attention que je lui ai moi-même accordée, ce jeune homme ajoutait : Il a fallu à Rome trois siècles pour nous vaincre, et Rome était le destin ; à des généraux comme Annibal nous avons opposé Sagonte, aux vainqueurs du monde, Numance ; si Auguste ne put fermer le temple de Janus, ce sont nos montagnards du nord qui l'en empêchèrent, et si Agrippa ne put apporter à Rome le témoignage de sa victoire sur les Cantabres, c'est que nos héros ouvrirent les entrailles de leurs navires, et s'abîmèrent dans les flots, pour ne point passer sous les arcs de triomphe, pour ne pas traverser la voie sacrée sous le double poids de leurs chaînes et de leur affront.

Eh bien ! ces jeunes gens qui, à leurs regrets, peut-être, mais à ma gloire, ont assisté à mes cours et sont mes élèves (Rires), preuve que les disciples n'acceptent pas si facilement qu'on croit l'enseignement du maître, ces jeunes gens, je veux leur poser une question très-simple.

Vous dites que le sentiment d'indépendance en notre patrie est dû uniquement à la religion catholique. Vous ai-je donc enseigné par hasard que les dieux adorés par nos pères à Numance et à Sagonte étaient les mêmes que le Dieu de Saragosse et de Girone? Dans les temps anciens, quand nos pères faisaient de tels sacrifices, ce n'est pas à l'unité catholique qu'ils pouvaient les offrir, car il n'y avait pas l'ombre de catholicisme en Espagne. Les dieux de Rhodes arrivaient sur les plages de Catalogne, la Diane d'Éphèse sur les promontoires de Valence, l'Hercule de Tyr sur la presqu'île de Cadix; les dieux de Babylone venaient sur les bords du Bétis, entre les idoles carthaginoises et phéniciennes; tandis que les Lusitaniens, comme les augures romains, consultaient les entrailles des victimes; tandis que le Galicien avait ses bois druidiques comme les prêtres de Gaule; tandis que les Celtibériens, à la pleine lune, dansaient les danses sacrées devant leurs cabanes, que les Carpétains adoraient le soleil comme les Perses, et que les Basques élevaient des dolmens sous les branches de chêne où gémissaient les âmes de leurs pères. Or, si l'histoire, si la tradition, si les siècles doivent l'emporter sur le droit, la raison et la vérité, voilà quels dieux doivent être les vôtres, puisque ce sont eux qui ont fait le sol de notre patrie, qui ont assisté au berceau de notre peuple. Je vous ai dit, moi, que l'unité catholique n'existait pas en Espagne jusqu'au règne de Philippe III, jusqu'au jour où le dernier More disparut. Auparavant, au contraire, tout nous prouve la coexistence de plusieurs cultes. On est venu répéter ici les pactes de nos rois avec les peuples vaincus : Voici les lois, ont dit les uns; voici l'histoire, ont dit les autres, pour prouver l'existence en Espagne, soit de l'unité, soit de la tolérance. Il n'y a pas d'histoire qui vaille les monuments, l'architecture, cette géologie de l'esprit. Allez dans nos grandes villes, allez surtout vers celle qui est comme le résumé de toute notre histoire, notre vraie gloire devant l'étranger, allez à Tolède : qu'y voyez-vous ? Au haut de la colline, l'alcazar superbe où un Castillan reçut en mariage la descendante des Abdibites de Séville; dans la poétique Vega, les jardins de la Galiana, où Alphonse X rédigeait les tables Alphonsines et cultivait toutes les sciences avec les disciples d'Averrhoès et de Maimonide; à la Puerta del Sol, les festons orientaux, œuvre d'architectes vaincus, qui pourtant étaient tolérés dans les monuments chrétiens; à Cristo de la Luz et Santa Maria la Blanca, les bijoux de l'architecture de Cordoue et de Syrie, ornant le sanctuaire où les disciples fidèles de la loi de Moïse gardaient les préceptes promulgués dans les éclairs du Sinaï; au Transito, la synagogue splendide élevée par le trésorier de Pierre le Cruel, au temps où commençaient déjà les crimes de l'intolérance religieuse; à la porte même du grand temple catholique, le rite mosarabe, le rite gothique, forteresse morale de notre indépendance, brisée en un jour de malheur par Grégoire VII, par les moines de Cluny, par les ducs de Bourgogne, qui divisèrent notre territoire en le séparant du Portugal; enfin n'importe où se tournent nos yeux, où s'acheminent nos pas, partout les manifestations du culte divin, audessus desquelles s'élève la cathédrale parfumée d'encens, la cathédrale, symbole de l'unité spituelle, qui cependant n'a pu en finir avec la variété, existant au sein de l'Espagne comme au sein de la nature et de la société. (*Approbation.*)

Ah! je m'épouvante à contempler les conséquences de l'unité religieuse. Le peuple espagnol ne les a jamais souffertes absolument, parce que sa chute n'est jamais complète. Son énergie, sa force, sa virilité résistent au mal irrémédiable d'une décadence absolue comme l'est, par exemple, la décadence des Turcs. Au temps de Philippe IV, Velasquez peut encore peindre ses tableaux d'histoire; au temps de Charles II, Calderon peut encore écrire ses derniers drames. Mais, à part ces éclats de lumière, que voit-on depuis que l'unité religieuse s'est définitivement établie en Espagne? Et certes, le triomphe de cette unité n'a jamais été plus éclatant qu'au temps de Philippe III.

Voici : les juifs disparaissent, eux qui portaient en Provence, en Italie, en Grèce, les produits de notre commerce et les idées de notre civilisation ; ils meurent, assommés aux carrefours, plongés au fond des eaux, proscrits dans les déserts, ces travailleurs qui irriguaient nos vegas et animaient nos ateliers ; l'Inquisition mure dans ses cachots ou brûle sur ses bûchers maudits des protestants tels que Constantin et Cazalla, la gloire de la conscience espagnole ; au xvie siècle s'interrompt à jamais le mouvement intellectuel inspiré par Vivès, et avec lui s'interrompt la communication de l'Espagne et de l'Europe ; notre esprit ne se plonge pas avec Spinoza dans l'être absolu, ne s'élève pas avec Descartes aux hauteurs vertigineuses du spiritualisme, ne pénètre pas avec Bacon au fond de la nature ; parmi nos Universités, l'une cherche un filtre qui donne une vie éternelle à Philippe III, une autre se refuse à accueillir le binôme et les calculs de Newton ; les esprits follets hantent nos nuits, les sorcières nos couvents, le démon le corps de nos rois ensorcelés ; les troupes de Flandre et d'Italie tombent tristement à Rocroy ; la flotte de Lépante se voit insulter par les pirates barbaresques, ou couler par les croisières anglaises; notre sol ressemble à un cimetière vaste et désolé, nos fabriques à une cordillère de ruines; la littérature est cultiste, la poésie gracianiste, la chaire s'inspire du père Gerundio; la science, de la scolastique; l'astronomie n'est qu'un mélange d'astrologie; la sculpture est enflée et violente; l'architecture churrigueresque; le peuple paresseux, la noblesse mendiante; et trois ou quatre rois, qui cent ans auparavant n'auraient pas osé nous regarder en face, parlent à leur aise, dans des dépêches diplomatiques, de démembrer l'Espagne, immense cadavre étendu sur le globe par la Providence pour enseigner aux peuples, dans la clinique de l'histoire, comment périssent les races les plus illustres, quand elles abandonnent leur conscience à une Église intolérante, leur volonté à une monarchie absolue. (*Profonde sensation.*)

Je ne l'ai jamais caché, Messieurs, et vous êtes là pour le dire, aujourd'hui où je n'ai plus besoin, comme autrefois, de votre témoignage; je n'ai jamais cessé de reconnaître et de proclamer que le catholicisme entrait pour beaucoup, pour le principal, peut-être, dans le trésor de nos gloires. Personne n'admire plus que moi ces écrivains tels qu'Alphonse X et saint Isidore, qui ont composé l'Encyclopédie de leur temps; ces poëtes qui chantaient *Le Magicien merveilleux* ou l'*Étoile de Séville ;* ces Universités, Salamanque et Alcala, qui portaient aux nues les grandeurs de la Renaissance; ces peintres qui, tels que Juan de Juanes, alliaient la correction de l'école florentine à la vérité de l'école hollandaise, et qui nous faisaient voir soit dans les ténèbres les *Pénitents* de Rivera, soit dans la lumière les *Vierges* de Murillo ; nul n'a célébré comme moi l'époque où la mer semblait grandir à l'ombre du pavillon espagnol, et s'étendre pour redire notre nom aux deux hémisphères; où, trouvant la planète trop étroite à notre essor, nous l'élargissions d'un élan sans égal, pour qu'elle pût contenir notre gloire. Mais, Messieurs, c'est un mensonge historique, opposé au caractère de notre race, que d'attribuer au catholicisme seul ces monuments impérissables. La tribune espagnole ne doit pas entendre de telles paroles. Aussi bien, n'était-ce pas un Espagnol, le premier barbare qui obtint rang et dignité de Rome la superbe ? N'étaient-ce pas des Espagnols, ces empereurs qui, fermant l'ère funeste de la tyrannie de cour, ouvrirent l'époque glorieuse des Antonins et des Marc-Aurèle ?

Le premier poëte épique de l'empire était un Espagnol; Espagnols aussi son premier rhéteur et son premier philosophe. C'est nous qui, au moyen âge, enseignons l'agriculture et l'hydraulique ; nous qui revêtons l'Europe en guenilles de notre drap et de notre soie; nous qui avons démontré les principes de la chimie, dont, tant de siècles après, profitera Lavoisier; nous qui, bien avant Torricelli, devinons le poids de l'air; nous qui avons répandu la pharmacie et la médecine en Europe; c'est une gloire espagnole ce Maimonide qui, en Égypte, perfectionna les sciences naturelles, et révéla à Albert le Grand les preuves de l'existence de Dieu; espagnole aussi la gloire d'Averrhoès, qui civilisa le midi de l'Europe et fut le maître des scolastiques; espagnole encore la gloire de Sahal, surnommé le poëte de la joie inextinguible; gloire espagnole cet Alhacen, disciple des écoles de Cordoue et de Séville, qui enseigna les premières notions de l'optique; gloires espagnoles, ces poëtesses telles que Sobeya et Velada, qui parfumaient de leurs soupirs les roses silvestres des monts de Cordoue; gloire espagnole, cet illustre Albucasis qui perfectionna la chirurgie; gloire espagnole Geber, qui, sur la Giralda de Séville, éleva les premiers observatoires astronomiques, héritiers des traditions scientifiques d'Alexandrie; gloires andalouses, d'un éclat éternel, redites par tous les idiomes, admirées de tous les âges, comme pour prouver que le génie est le fruit de notre race, de notre tempérament, le reflet de notre divine lumière,

du ciel incomparable qui illumine le front privilégié de l'Espagne. (*Grands applaudissements.*)

Et je le dis, Messieurs, parce que je veux vous
montrer que la grandeur s'obtiendra toujours
mieux par les idées progressives que par les
idées de réaction, mieux par le spiritualisme que
par le fatalisme, toutes les fois que notre race,
libre du temps et des circonstances, emploiera
ses forces, son intelligence et ses mœurs à des
œuvres dignes d'elle. Mais en étudiant notre histoire sans passion, on y rencontre (et c'est là le
revers de nos gloires), on y rencontre un mal
sans remède. Ici, en Espagne, tout le monde,
je dis tout le monde, préfère son parti à la patrie
elle-même. Les annalistes racontent qu'au début
de la guerre des Flandres, Philippe II, à genoux
devant un crucifix, s'écria : « Périssent ces États,
périsse l'héritage de mes aïeux, périssent mes
conquêtes elles-mêmes, avant que j'y souffre,
Seigneur, un seul hérétique qui ne t'adore pas
comme moi-même je t'adore! » Ah! ces paroles
changent selon les temps, mais elles restent toujours au fond de la conscience espagnole, et toute
notre histoire en a gardé un goût amer. Oh! la
terrible, l'épouvantable erreur! Ma secte avant
ma patrie! voilà ce qu'on entend de toutes parts.
De là cette guerre, guerre animale, ai-je dit souvent, qui met aux prises les partis, tous intolé-

rants, tous intransigeants, guerre où les uns et les autres se souillent d'incroyables calomnies, se poursuivent de haines inexpiables, s'abîment enfin dans une commune extermination. Le démagogue du midi ne s'inquiète pas si le drapeau rouge, que nulle nation jamais n'a immatriculé ni reconnu, si ce drapeau attente à la dignité, à l'honneur, à l'autonomie, à l'indépendance de la patrie ; et de même le montagnard du nord demande la bénédiction de son curé, le chaste baiser de sa mère ou de sa femme avant d'aller, le fusil à la main, tuer les libéraux, comme ses aïeux tuaient les Turcs et les Juifs.

Nos pères ne croyaient pas, ils ne pouvaient pas croire qu'un juif fût capable d'aimer la patrie : le juif qui, proscrit depuis quatre siècles dans les régions du Levant, tourne encore les yeux vers la terre où le soleil se couche, où reposent les ossements de ses aïeux, le juif qui, à la langue morte de l'Exode ou de la Genèse, mêle l'idiome, encore vivant sur ses lèvres, des Lamentations, du Labyrinthe et du Trésor. Le catholique espagnol de même ne pouvait pas croire que la conversion d'un More fût de bonne foi : il ne se contentait point de le voir aller à l'église, il lui fallait qu'il mourût sur l'échafaud ou au désert.

C'est pourquoi, Messieurs les députés, un honorable membre de la commission constitutionnelle est venu, avec un sentiment profond et un langage incomparable, rappeler les malédictions que tous les peuples lancent à notre pays. Oui ! puisque le caractère espagnol, si moral, si énergique, si vaillant, si plein de grandes vertus et de grandes qualités, a, dans la férocité de son intolérance, la tache et l'ombre qui l'obscurcissent. Cette tache, je le dirai mille fois, vient de l'intolérance religieuse ; car, lorsque vous dites qu'il est permis de tuer au nom de Dieu, comment voulez-vous faire entendre que de Dieu seul émane la vie, que la mort est une négation, une limite de la créature, que le mal ne peut atteindre Dieu, bonté éternelle et suprême ?

L'intolérance nous a menés au massacre. Bruxelles le sait, par l'échafaud des comtes d'Horn et d'Egmont, que dressa notre intolérance ; l'Angleterre, par la complicité de Philippe II et de Marie la Sanglante, dont les crimes eurent notre intolérance pour conseillère ; la France le sait par la nuit de la Saint-Barthélemy et par l'assassinat de Blois, œuvre de notre intolérance ; l'Italie enfin le sait par le cachot de Campanella, par le sacrifice des républiques de Florence et de Venise, dû, lui aussi, à notre intolérance.

Ah ! Messieurs les députés, il y a eu deux

nations vraiment complices de la papauté : la France et l'Espagne. Mais la France n'a coopéré à l'œuvre du Saint-Siége que quand l'esprit du siècle le soutenait. C'est ainsi qu'elle a pu créer le patrimoine de saint Pierre, lancer les Croisades, réunir les conciles de Lyon, accueillir le pape en son sein. Nous, nous avons été les coopérateurs de la papauté à l'heure de sa décadence politique ; il nous a fallu fatalement nous opposer à la réforme religieuse d'Allemagne, à l'indépendance des Pays-Bas, au développement de l'Angleterre, à la paix de Westphalie, à l'édit de Nantes ; nous avons été le revers sombre de l'histoire, les ouvriers de la décadence, les représentants de la mort.

Aussi un des grands caractères de la révolution de septembre a-t-il été de nous réconcilier avec l'humanité. La révolution de septembre, qu'on en dise ce qu'on voudra, nous a réconciliés avec l'esprit moderne. Trois grands, trois illustres ministres, mal jugés aujourd'hui, qui demain le seront mieux, et qui dès à présent peuvent se reposer des injustices du jour sur les bénédictions à eux réservées par l'histoire, trois grands ministres ont, pendant la révolution de septembre, traité les relations de l'Église et de l'État. L'un d'eux m'écoute, M. Romero Ortiz, qui supporta avec grande énergie un temps de lutte, où il y avait à vaincre d'immenses obstacles accumulés par les superstitions traditionnelles. L'autre fut M. Montero Rios ; il présenta les solutions démocratiques moyennes qui convenaient à son école, à ses principes ; il voulut de bonne foi, de très-bonne foi, Messieurs, et avec autant d'intelligence, il voulut réunir les peuples, les provinces, avec leurs évêques et leurs curés, avec les représentants de la morale sur notre sol d'Espagne. Le troisième était mon ami, mon coreligionnaire, un jeune homme intelligent et estimé, M. Moreno Rodriguez ; il déposa sur cette tribune un projet de séparation de l'Église et de l'État, projet qui ne put être ni discuté, ni voté, tant étaient terribles les infortunes qui nous frappèrent à cette dernière heure du gouvernement démocratique.

Mais, Messieurs, la révolution de septembre a arraché aux sectes l'enseignement primaire, pour le rendre national et scientifique. La révolution de septembre a rendu aux Universités l'autonomie qu'elles avaient perdue, aux professeurs libres leur sage et auguste parole. La révolution de septembre a rendu au livre, espagnol ou étranger, ses droits imprescriptibles et nécessaires. La révolution de septembre, enfin, a promulgué la liberté des cultes, et ce fut vraiment l'heure la plus glorieuse dans l'émancipation de la pensée et de l'intelligence espagnoles.

Eh bien! qu'a fait cette commission? Qu'a-t-elle formulé? Ah! Messieurs, selon la coutume, on a beaucoup répété durant ce débat qu'en Angleterre il n'y a point de partis révolutionnaires, ou plutôt que ces partis agissent seulement comme des libéraux progressifs. Et savez-vous, Messieurs de la commission, Messieurs du gouvernement, savez-vous pourquoi en Angleterre les partis progressifs et libéraux ne sont pas des partis révolutionnaires? Pour une raison très-simple, incontestable : c'est qu'en Angleterre les partis conservateurs ne sont pas réactionnaires. Le sont-ils en Espagne? Je laisse à votre conscience à décider, et pour aider votre conscience, permettez-moi un parallèle. Croyez-vous que le peuple luthérien d'Angleterre ne soit pas aussi intolérant que le peuple espagnol? Messieurs, il y a longtemps qu'ici vous avez retranché du nombre de nos marionnettes grotesques cette Anne Boleyn qui représentait la haine du peuple espagnol contre la domination anglaise, et pourtant, aujourd'hui encore, dans leurs grands anniversaires, les Anglais brûlent des effigies sacrées pour tout catholique.

Oh! certes! le peuple luthérien d'Angleterre a été aussi intolérant que n'importe quel peuple latin : lui aussi il a eu sa nuit de Saint-Barthélemy. C'était en 1780, peu après la révolution américaine, peu avant la révolution française. On avait fait aux catholiques certaines concessions contre lesquelles protesta lord Gordon, auteur d'une pétition ou d'une motion, je ne saurais trop dire. Et cet acte parlementaire du lord fut appuyé par une manifestation tumultueuse du peuple. Savez-vous ce qui se passa cette nuit-là? Les maisons furent envahies, les habitants contraints de mettre sur leurs fenêtres le signe de ralliement : A bas le papisme ! Les passants avaient au chapeau la cocarde et le nœud bleus, signe de l'intolérance religieuse. La Banque fut réduite en cendres, les arsenaux saccagés, les places converties en champs de bataille entre citoyens et soldats; les carrefours furent témoins de supplices et de tueries; les quartiers les plus populeux devinrent la proie des flammes. Et parmi tant d'horreurs, il y eut surtout une horreur indicible: le feu des tavernes, le feu des magasins d'alcool, coulait sur les 'trottoirs et dans les ruisseaux des rues, véritable fleuve de flammes, où se précipitaient des bouches avides qui, croyant boire les spiritueux, n'absorbaient en réalité que le plomb fondu qui les consumait; et l'on eût dit autant de chrétiens de Néron, véritables torches vivantes, d'où s'exhalaient des clameurs dantesques, des gémissements apocalyptiques, tout l'enfer du moyen âge lancé, par l'intolérance religieuse, au cœur du commerce, de l'industrie et du travail.

Mais qu'a fait l'Angleterre? Elle est entrée chaque jour avec plus de résolution et de foi dans l'ère de la tolérance. Elle a modifié l'antique formule du serment, et les juifs purent siéger dans la Chambre des communes. Elle a émancipé les catholiques, et la voix orageuse d'O'Connel la pu résonner dans son libre Parlement, comme elle résonnait jadis sur les montagnes esclaves de la verte Érin. Elle a déraciné l'Église protestante d'Irlande; ce qui est, on peut le dire, l'achèvement d'une des plus grandes œuvres de ce siècle. Et voyant, comme il a été dit dans ce débat, que l'Université d'Oxford était complétement fermée tant aux catholiques qu'aux rationalistes, elle a décidé depuis 1831 que les dissidents pourraient aller prendre leurs grades à l'Université de Londres, sans qu'il pût leur être en rien nuisible de professer telle ou telle doctrine, de vouer un culte à telle ou telle Église.

Que serait-il arrivé, Messieurs les députés, si le parti conservateur anglais eût abrogé les réformes des progressistes en matière de serment, s'il eût replacé les catholiques dans leur servitude, s'il eût rétabli l'Église protestante d'Irlande? Il en eût été de même qu'ici : il serait arrivé que, le parti conservateur se faisant réactionnaire, le parti libéral se fût fait révolutionnaire.

Eh bien! je ne comprends pas comment mon respectable ami, mon illustre adversaire, M. Moyano, n'a pas relevé les charges si graves qu'avec un grand sens politique a accumulées sur sa tête l'honorable membre de la commission. M. Moyano (et j'ai le regret de lui adresser cet éloge qui peut-être ne le servira pas aux yeux de son parti), M. Moyano a donné une loi d'instruction publique où les sciences ont reçu une si grande consécration, l'autonomie de la pensée un hommage si explicite, qu'il faut vous demander, à vous, libéraux, à vous, radicaux, à vous, défenseurs de la Constitution de 1869, à vous, ministres d'Amédée de Savoie ou de la république, à vous, progressistes, ce que vous avez fait de cette liberté inscrite par M. Moyano dans sa loi de l'instruction publique, qui sera un des plus glorieux monuments du siècle présent.

Il se passe ici un fait extrêmement curieux. M. Moyano crie : Vive la réaction! Il a soutenu l'autonomie de la pensée contre des influences invincibles en des temps désastreux pour la liberté espagnole. Vous, vous criez : Liberté! liberté! et vous avez livré l'enseignement à une réaction terrible, dont ce siècle aura de la peine à se guérir, quand on pense au défilé des professeurs réactionnaires, en attendant le défilé des professeurs libéraux, indignés de voir porter la guerre au sein de la science.

Messieurs, j'ai écouté avec terreur ce que disait l'autre jour le ministre de la justice, en pleine possession de lui-même.

Dans un discours médité, dans un discours-ministre, il nous a affirmé que les dissidents de la religion catholique ne peuvent être professeurs. Que peuvent-ils être alors? Ministres de la justice? (*Le ministre : « Professeurs d'écoles libres. »*) Professeurs ? en concurrence avec l'État, avec les professeurs salariés, avec le trésor qu'ont amassé les générations antérieures, avec les cliniques et les grands hôpitaux, avec les cabinets de physique et de chimie, avec les musées d'histoire naturelle, avec les bibliothèques, avec toutes les forces officielles, si puissantes et si irrésistibles en un pays où il y a si peu d'initiative privée? Ah! Messieurs, quel grand et quel terrible sophisme ! Savez-vous ce que nous avons fait au temps où nous nous appelions fédéralistes, nous, si partisans de l'autonomie politique? nous avons fait une loi qui restera comme la Constitution que rappelait en son spirituel discours mon ingénieux ami, M. Silvela. Oui : avec cette Constitution il y a une loi demandant au budget un crédit de 200 millions. Pour qui? Pour les maîtres d'école. Car, si nous abandonnons long-temps les instituteurs à la providence muni-cipale, il ne leur restera plus qu'à mourir de faim.

Le ministre de la justice ne comprend-il pas que si la science se soumet à la religion, c'en est fait de tous les progrès intellectuels accomplis depuis un siècle par l'Espagne ?

La science et la religion ont le même objet : l'âme, l'univers, Dieu. Seulement la science n'a d'autre critère que la raison et ne va que là où atteignent les forces de l'intelligence. Tandis que la religion, sur l'aile puissante de la foi, pénètre en d'autres régions inaccessibles. Je ne dirai pas si la science et la religion doivent se réconcilier dans un avenir plus ou moins lointain. Je ne veux rien dire qui, directement ou indirecte-ment, puisse me faire paraître l'ennemi de la re-ligion ; mais je dis et je soutiens que la science et la religion ne s'entendront jamais, si on ne laisse pas à chacune d'elles son domaine respec-tif, de sorte que, semblables aux astres dans l'es-pace, elles ne se heurtent jamais dans l'intelli-gence humaine. Et je dis plus : soutenir que les dissidents ne peuvent être professeurs, c'est aller dans la réaction beaucoup plus loin que M. Moya-no. Car, sous des ministères modérés, sous des ministères unionistes, un savant illustre, Sanz del

Rio, put provoquer un grand mouvement intellectuel, qui malgré ses excès restera une des gloires de la pensée espagnole en ce siècle. Sous des ministères modérés et unionistes, un célèbre physiologiste, don Pedro Mata, put développer son système expérimental, si contraire au dogme catholique. Sous des Constitutions intolérantes, Quintana put être le maître d'Isabelle II, le grand Quintana, le plus grand poëte de l'encyclopédie du siècle passé qu'ait connu le siècle présent. A cette époque, sous M. Moyano, sous M. Pidal, dans l'Université on professait l'éclectisme, hors de l'Université, le néo-catholicisme.

Aujourd'hui, je ne veux faire allusion à personne, je ne veux contrarier personne, je ne veux m'adresser à aucun de mes anciens collègues des Universités : ils ne s'offenseront pas pourtant si je leur dis qu'à partir de ce jour, on va enseigner dans les Universités une métaphysique antérieure aux révélations de Bacon et de Descartes, le syllogisme de la scolastique et les affirmations de saint Thomas, systèmes absorbés par la raison humaine et voués aujourd'hui à une irrémédiable décadence. Et cela est complétement opposé au sentiment de l'Europe : dans toute l'Europe, sans en excepter la Russie, on publie des livres rationalistes, il y a des professeurs rationalistes ; et même, au risque de déplaire à la Chambre, je défie les membres de la commission de me citer un nom de peuple civilisé où il n'y ait pas de professeurs dissidents, séparés de l'Église officielle. En Allemagne, en Prusse, sous le règne de Frédéric-Guillaume IV, le roi romantique par excellence, qui se piquait tant d'orthodoxie, Hegel, ce grand génie qui n'a de pairs que Platon et Aristote, Hegel construisit son système grandiose; lequel des progrès de l'Idée dérivait la nature, l'art, l'État, la religion, la science. En Autriche, avant la rupture du Concordat et la remise en vigueur des lois de Joseph II, Ahrens put expliquer la science du droit naturel et du droit politique. En France, sous Napoléon III, Laboulaye, dans sa chaire du collége de France, commentait la Constitution de l'Amérique du Nord, et un employé de la Bibliothèque impériale publiait la célèbre *Vie de Jésus.* En Portugal, l'illustre écrivain Latino Coello est à la fois professeur de l'État et chef de tout le parti démocratique. En Italie, avec laquelle vous croyez offrir tant d'analogie, Moleschott professait le matérialisme à Turin, Vera, l'hégélianisme à Naples; un ultra-hégélien, Ferrari, était à Milan; un rationaliste, Filopanti, à Bologne; et le grand orateur Mancini, l'un des prêtres de la science moderne, aujourd'hui ministre de la justice, Mancini professait à l'Université de Rome.

Messieurs! Et vous ne voulez pas qu'en Espagne les professeurs dissidents siégent dans les chaires de l'enseignement officiel! Est-ce donc, je vous le demande, Messieurs les députés, Messieurs les ministres, que vous soumettez vos lois civiles et politiques au criterium de l'Église? Non. Le *Syllabus*, par exemple, dit que la liberté d'imprimer est une hérésie; allez-vous la supprimer? Le *Syllabus* dit que tous les livres traitant de Dieu, de l'univers et de l'âme, de tout ce qui existe, par conséquent, doivent être soumis à la censure ecclésiastique; allez-vous la rétablir? Le *Syllabus* dit que c'est une hérésie, comme je l'ai rappelé à mon ami Pidal, que de refuser à l'Église la force coercitive de l'État; allez-vous la lui accorder, à l'Église qui n'a besoin que de force morale? La religion dit que l'usure est immorale; allez-vous rétablir le taux sur l'intérêt de l'argent? La religion dit aussi que le passeport royal, les régales et tout ce qui constitue notre nationalité religieuse, est contraire au dogme; allez-vous transférer tout cela au pape? Messieurs, si vous ne lui soumettez pas vos lois civiles et politiques, qui sont transitoires, comment voulez-vous lui soumettre les lois et les pouvoirs éternels de la science?

En 1866, le président de cette Chambre, assis à cette même place, en réponse à une interpellation que lui adressaient d'ici les membres les plus illustres du parti modéré et catholique, disait : « Détrompez-vous : les sciences naturelles, les sciences physiques, les sciences métaphysiques n'ont rien à voir avec la religion officielle; elles se meuvent et se mouvront toujours indépendantes de l'Église et de l'État. » Et peu de jours après, au Sénat, en réponse à un autre grief du même ordre, le président, rétorquant aux modérés leurs arguments, leur disait qu'ils étaient allés présider à l'inauguration de chaires d'anthropologie, où l'homme et le singe étaient rangés dans la même famille.

Messieurs les députés, voulez-vous subordonner la science au dogme, l'Université à l'Église? Qu'êtes-vous, que sont les Cortès, qu'est le roi, pour définir le dogme religieux? Croyez-vous qu'il suffit à un recteur laïque de dire : tel professeur est dissident, pour que son hérésie soit légitimement constatée ? Non. Soumettre la science au dogme? Il faut alors que l'archevêque soit recteur de l'Université, l'évêque directeur du lycée, le curé instituteur. Il n'y a pas de remède. Telle est la conséquence logique de votre doctrine; car aucun de vous, aucun absolument, n'a l'aptitude théologique suffisante pour discerner, en matière de dogme, l'orthodoxie et l'hétérodoxie.

Ah! messieurs! Et maintenant je renonce à toute pensée de polémique, je ne discute plus, ni ne délibère, ni ne réponds. Maintenant, je m'adresse à votre cœur, à votre raison, à votre conscience, à votre patriotisme, et je vous demande : Croyez-vous, pour avoir matériellement triomphé dans le nord, avoir remporté un triomphe moral? Croyez-vous que la guerre civile n'a pas pour origine l'état mental de ces populations? Je ne vous demande pas (et à quoi bon? je ne l'ai pas fait et je ne vous conseillerai pas de faire ce que je n'ai pas fait), je ne vous demande pas de persécuter le clergé. Et je dois faire ici une déclaration que je n'ai pas faite certain jour, tant j'ai de répugnance pour les questions personnelles et les récriminations historiques. Je dois le dire à mon sincère, illustre et éloquent ami, M. Moreno Nieto : Si on a pu comprendre que j'approuvais les persécutions dirigées par l'Allemagne et la Suisse, et que je les appelais sur l'Église d'Espagne, on m'a mal entendu; il n'était ni dans mon pouvoir, ni dans ma pensée, ni dans mon dessein, de le dire. Je me serai mal expliqué; mais, je le déclare, je ne veux pas de persécutions contre l'Église.

Ce que je soutiens, Messieurs, c'est qu'à cette époque de transition, où l'État conserve encore certaines forces, certains devoirs qui plus tard reviendront à la société, l'État peut encore changer le fonds scientifique et intellectuel, du moins le fonds politique d'un peuple ; et s'il ne réussit pas à le changer dans le sens progressif, il doit au moins le tenter. Or, tout le monde s'accorde sur la nécessité de changer l'état mental des provinces basques. Ne parlons pas de proscrire, comme on l'a dit, tout le clergé des provinces basques et de la Navarre : c'est insensé, cela ne peut ni ne doit se faire. Mais, en face de ce clergé, en face de cette Église, contre cet état mental, dresser un grand nombre de maîtres et d'instituteurs, payés par le budget national, destinés à enseigner les notions indispensables à la double éducation du pays et de la raison : voilà ce qui est urgent. Si vous ne le faites pas, la malédiction de Dieu pèsera sur vous comme la malédiction de l'histoire. Mais êtes-vous en état de le faire, depuis les explications données par le ministre de la justice à ce sujet? Les exagérations démocratiques ont entraîné bien des maux. Que dire des excès royalistes et catholiques? Elles furent terribles les insurrections de Carthagène, de Valence, de Castellon, de Séville, de Cadix : ce n'étaient pourtant que des ouragans d'été, bruyants et peu durables; c'est un feu qui n'a brûlé que nous et qu'a éteint en trois mois le parti libéral avancé. Tandis qu'il a fallu quatre années et trois cent mille hommes pour achever cette guerre épouvantable qui a fait de Bilbao et de Saint-Sébastien des martyrs, de Tolosa et d'Estella des conquêtes, du général Concha une victime, qui a semé Montejurra de cadavres, qui a produit des bandits comme Rosas, des personnages comme l'évêque d'Urgel et le curé de Santa-Cruz; guerre horrible, trahissant un état intellectuel auquel il faut trouver immédiatement un remède si vous ne voulez rester sans liberté et sans patrie.

Moi, qui appartiens à l'école radicale, je dis que la politique est une transaction éternelle entre l'idéal et la réalité. Pour moi, une politique sans idéal est un corps sans cerveau, une politique sans réalité est un cerveau sans yeux. Il est nécessaire d'unir l'idéal à la réalité; et, par suite, il est indispensable que l'État, avec les ressources dont il dispose, donne, s'il est possible, aux provinces basques une instruction qui les rende à la fois libérales et patriotes. Car là, d'après ce que j'ai vu, d'après ce que je vois, d'après ce que j'entends, ce n'est pas seulement l'amour de la liberté qui s'est éclipsé, comme il arrive chez les peuples où domine l'ultramontanisme; elle s'éteint encore, cette flamme généreuse de l'idée, qui a produit tant de héros et d martyrs, et qui doit être comme l'âme de la patrie, l'idée de la nationalité.

Il est nécessaire de donner à l'Espagne une éducation scientifique et une éducation nationale; et vous ne le pouvez sans modifier votre article de loi, sans renoncer à votre criterium en ce qui concerne l'enseignement.

J'ai fini, Messieurs les députés, ce long discours entrepris pour la défense d'un des principes auxquels toute ma vie j'ai rendu le culte le plus fervent. Ne croyez pas recontrer en moi un ennemi implacable de la religion. Dans l'exercice continuel de ma pensée, dans l'étude des sciences, je pourrai avoir certaines idées sur la religion catholique; mais dans l'exercice de la politique pratique, sans abandonner l'idéal de séparation absolue d'éléments qui doivent être absolument séparés, je ne puis oublier que le catholicisme est la religion et la morale de notre peuple. Sous les ailes dorées de ses anges s'abrite l'innocence; à la chaste vue de ses vierges s'endorment les passions et s'éveille l'idéal en l'esprit de la jeunesse; du sein de son Dieu naissent, au sein de son Dieu retournent les générations; dans la pratique de ses cérémonies, le pauvre paysan trouve le miel de poésie et la consolation nécessaire à ses peines; dans sa foi, à la veille de quitter le monde, la plupart d'entre nous puisent le souffle nécessaire pour se dépouiller du corps comme d'une armure usée et pour se coucher dans l'obscur sépulcre comme au sein de l'immortalité. Oui, Messieurs, bien qu'appartenant à la philosophie, à la démocratie, à la liberté, oui, dans les vallées de l'Ombrie, je suis allé en pèlerin au cloître de François d'Assise; j'ai cru entendre sur les lèvres des sculptures érigées dans la nef de la cathédrale de Tolède le *Te Deum* de las Navas de Tolosa; assis dans les jardins de Salluste, j'ai vu sur les pierres en ruines, à l'ombre des cyprès, le soleil se coucher comme une hostie consacrée derrière la basilique de Saint-Pierre; je suis descendu aux catacombes, j'ai touché dans les ténèbres les pierres sculptées de symboles religieux par la main des martyrs; et si je ne partage pas votre foi, croyez, du moins, que je la comprends et que je l'admire.

Mais tenez pour certain que ni votre religion ni aucune autre ne pourra atteindre ses fins morales, si la force officielle supplante l'idée pure, si le pouvoir politique, médiateur entre les partis et les gouvernements, vient remplacer Celui qui est le médiateur entre le ciel et la terre, entre la vie et la mort, entre la mort et l'immortalité, entre l'homme et Dieu. La religion a toujours eu besoin de ce caractère spiritualiste : elle en a besoin plus que jamais aujourd'hui où nous devons recueillir toutes nos forces pour combattre la philosophie utilitaire, matérialiste, fataliste et athée. Quand on érige la force en pouvoir unique, quand on crée des aristocraties et jusqu'à des dynasties naturelles, issues, dit-on, de la guerre entre les espèces ; quand on prêche une morale hindoue, inspirée d'un sensualisme mystique, et résolue à conclure à l'universel anéantissement ; quand on blasphème la vie comme un présent funeste, source fatale de douleurs ; quand on arrache au genre humain ses titres contenus en un seul mot : *liberté* ; qu'on méconnaît les droits fondamentaux de notre être, que la flamme divine de la pensée est confondue avec les sécrétions matérielles du cerveau, quand on fait de l'univers comme un immense Panthéon où gît Dieu, mort et enterré ; la cause de tous les grands principes exige que l'âme s'échauffe et s'éclaire à la lueur et au foyer d'un véritable idéalisme, que la religion s'embrase d'une foi supérieure à tous les intérêts terrestres, pour éveiller dans l'homme l'idée morale par excellence, l'idée divine du droit.

J'ai dit dans la première Assemblée constituante qu'il n'y a de libres que les peuples moraux, et qu'il n'y a de moraux que les peuples essentiellement religieux. Je n'en veux pour témoin que le dimanche de Londres, la ferveur puritaine de Boston, le christianisme profond de

Zurich et de Genève. Moi, Messieurs, j'ai dit dans cette Chambre, alors que cette parole ne devait pas me rendre populaire, j'ai dit que le jour où se rompent les liens matériels de l'autorité, il faut leur substituer les liens moraux de la religion et de Dieu. Et j'ajoute que pour les nouer, l'idée religieuse doit se dégager des oppresseurs, fuir la force, jeter l'épée de saint Pierre et redire la parole du Christ : « Bienheureux ceux qui pleurent, ceux qui souffrent ! Les oiseaux du ciel ne sèment ni ne moissonnent, mais l'Éternel les protége ; les lys de la vallée ne filent ni ne tissent, mais ils ont une parure plus belle, une couronne de rosée plus brillante que la parure et la couronne de Salomon sur son trône. Priez pour ceux qui vous persécutent, intercédez pour ceux qui vous calomnient, aimez ceux qui vous haïssent, cherchez le royaume de Dieu et sa justice. Le reste viendra par surcroît ; soyez parfait comme notre Père céleste est parfait dans la gloire éternelle. » Ces idées sont les grandes idées, les idées spiritualistes qui n'ont rien à voir avec le matérialisme du pouvoir temporel, avec les lois coercitives et les tendances absolutistes.

Je me trouvais, un certain matin de Pâques, dans l'église d'une de nos villes du midi. Le chœur des oiseaux se confondait avec celui des prêtres, les parfums de la plaine avec les aromes de l'encens, la brise voisine de la mer avec les accords de l'orgue. Ces coïncidences me rappelèrent cette scène de l'épopée allemande où l'illustre alchimiste, dégoûté des abstractions de la science, blessé de toutes les déceptions qu'entraîne son incessante recherche, se décide à se tuer, lorsqu'au moment fatal, ah! comme il est rappelé à la réalité, à la vie, par les cloches de l'église, par l'*Alleluia* de Pâques, qui, avec la résurrection du Christ, annonce la venue du printemps et l'éternelle résurrection de la nature! Puis je tournai les yeux vers l'autel : l'image du Christ m'apparut, et je me souvins d'une légende allemande contre l'athéisme. C'est le dernier jour de la création : les soleils se sont éteints, les mondes se sont brisés, la vie s'est dissipée, il ne reste plus dans les espaces qu'un sanctuaire où les anges en chœur battent des ailes et attendent le retour du Christ, qui est allé chercher son Père Éternel; lorsqu'à la fin, pâle, en larmes, le Sauveur revient; à son flanc s'est rouverte la plaie d'où le sang s'échappe. Il dit qu'il est monté aux cieux, qu'il n'y a rencontré que néant sur néant, qu'il est descendu aux enfers, qu'il n'y a rencontré que l'abîme confondu à l'abîme, et il s'écrie : « Ma rédemption a été vaine, mon sacrifice stérile, puisqu'il n'y a pas de Dieu, puisque vous et moi, nous sommes tous orphelins. Ah! Messieurs! non, nous ne sommes pas orphelins, il y a un Dieu. C'est ce que proclame la conscience, c'est ce que révèle clairement l'histoire : et l'univers entier est comme un orgue immense qui redit dans les espaces son nom incommunicable.

Et pendant que je songeais ainsi, le prêtre qui disait la messe lut l'Évangile. Le livre sacré racontait que trois jours après l'ensevelissement du Christ, Marie-Madeleine et d'autres femmes de Jérusalem étaient allées au sépulcre et l'avaient trouvé vide. Elles s'affligeaient, croyant qu'on avait dérobé les restes du Sauveur, quand un beau jeune homme, un ange, leur annonça que le Christ n'était plus là, qu'il était ressuscité; et elles ne pouvaient croire à ce prodige. Les femmes, ces aveugles de l'Évangile, cherchant le Christ dans le sépulcre de pierre, me rappelèrent les écoles réactionnaires. Oui : elles cherchent le Christ où il n'est pas, dans le sépulcre du moyen âge, dans les murs des bastilles féodales, sur les instruments de tortures, sur les barreaux des esclaves, dans le feu des bûchers, tandis que le Christ est ressuscité dans la liberté, dans l'égalité, dans l'œuvre de Washington, dans le supplice de Brown, dans le martyre de Lincoln, partout où se brise la chaîne d'un opprimé, partout où s'accomplissent la vérité et la justice. (*Bruyants applaudissements.*) Messieurs, donnez des lois de réconciliation entre les hommes, des lois de justice pour les peuples, et vous aurez concouru à l'œuvre du progrès lent, mais sûr, qui doit faire de la planète le résumé de l'univers, et de l'âme humaine le reflet de Dieu. J'ai dit.

PARIS. — Impr. J. CLAYE. — A. QUANTIN et Cⁱᵉ, rue St-Benoît. [1402]

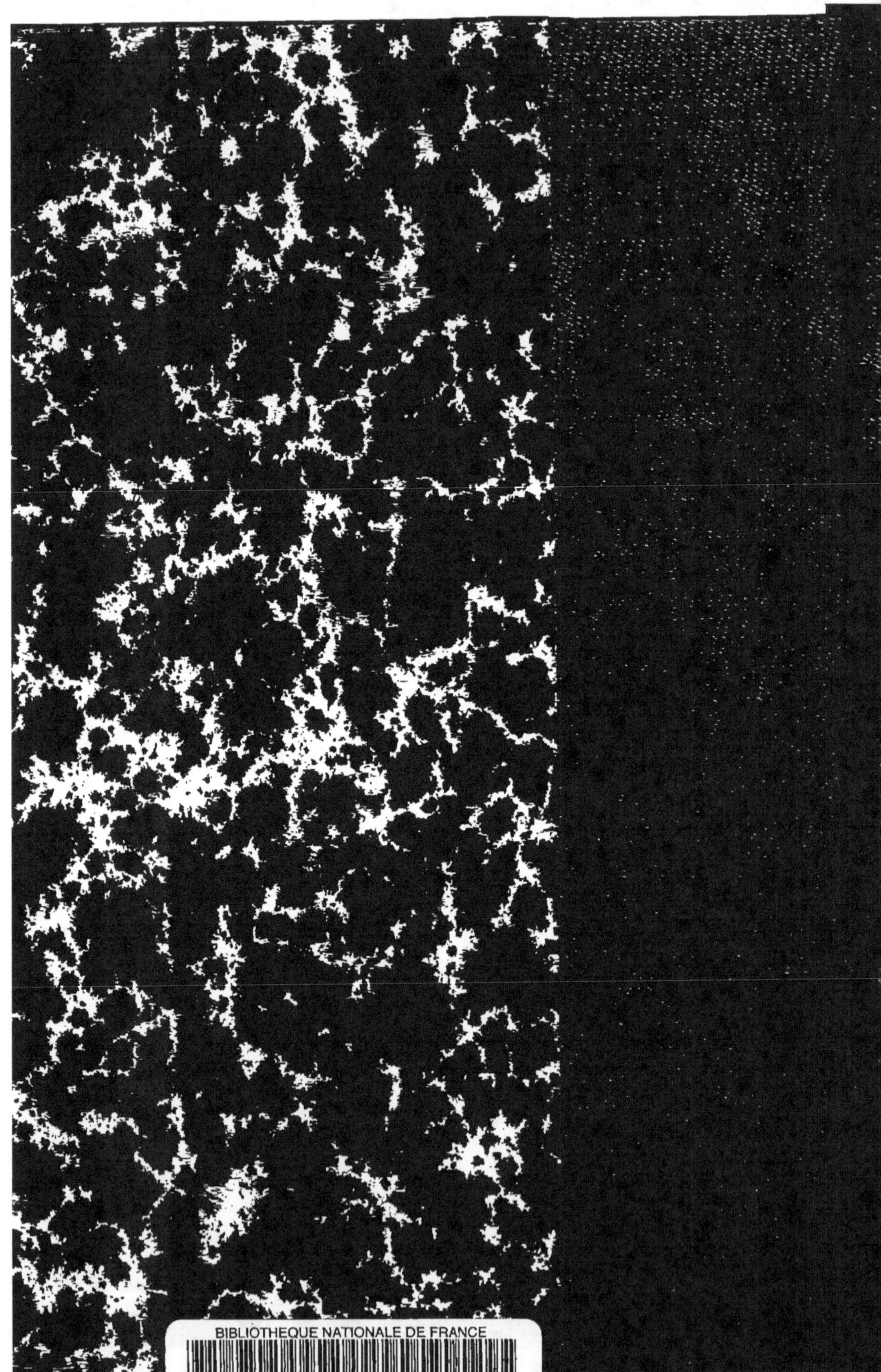